Aprende Cómo Empezar tu Negocio *Online* Para Ganar Dinero por Internet HOY

Dr. Eduardo Robledo Gómez

© Todos los derechos reservados por copyright.
Dr. Eduardo Robledo Gómez, 2024.

Descargo de Responsabilidad

La información proporcionada en este documento se ofrece únicamente con fines educativos e informativos y no debe interpretarse como asesoramiento profesional. Aunque se ha hecho todo lo posible para asegurar la precisión y la actualidad de los contenidos, no garantizamos la aplicabilidad o eficacia de las estrategias mencionadas para situaciones específicas ni nos hacemos responsables de cualquier error u omisión.

Los lectores son aconsejados a realizar su propia diligencia debida y considerar sus circunstancias únicas antes de tomar decisiones basadas en la información aquí contenida. No asumimos responsabilidad alguna por pérdidas o daños resultantes de la interpretación o uso de la información proporcionada.

Los enlaces a sitios web de terceros se proporcionan únicamente para la conveniencia del lector; no implican una aprobación o afiliación con dichos sitios o el contenido que ofrecen. No tenemos control sobre el contenido de los sitios de terceros y no somos responsables de su exactitud o fiabilidad.

Al acceder y utilizar este documento, usted acepta que la información se ofrece "tal cual" sin garantías de ningún tipo y reconoce que el uso de esta información es bajo su propio riesgo.

Índice

Comunidad

¿Quieres algo más que un libro? Únete a la comunidad en Telegram: todoporlalibertad

Agradecimientos

Este viaje ha sido una odisea iluminada por muchas estrellas que han guiado mi camino. Es con un corazón lleno de gratitud que reconozco a aquellos cuya influencia ha sido un faro en este proceso creativo.

En primer lugar, mi más profundo agradecimiento a mi familia, cuyo amor incondicional y apoyo constante han sido mi ancla y mi vela. Sin su fe en mí, este libro habría permanecido en el reino de lo intangible.

A mis amigos, por las interminables sesiones de *brainstorming*, por escucharme hablar incansablemente sobre este proyecto y por sus consejos sinceros y apoyo emocional. La paciencia y ánimo que me han ofrecido han sido indispensables.

A los profesionales y mentores en el mundo del emprendimiento digital, cuyas enseñanzas y experiencias compartidas han sido la columna vertebral de este libro. Su generosidad al compartir vuestro conocimiento ha sido una fuente de inspiración inagotable.

Un agradecimiento especial a la comunidad de emprendedores digitales, cuyas historias de éxito y fracaso han enriquecido las páginas de este libro con lecciones valiosas y perspectivas reales.

A mi equipo editorial y a todos los profesionales detrás de escena, cuya destreza y dedicación han dado forma a este manuscrito, transformando ideas brutas en un recurso pulido y accesible. La maestría que han mantenido ha sido esencial en este proceso.

Y, por último, pero no menos importante, a ti, querido lector. Tu sed de conocimiento y tu valentía para explorar nuevos horizontes son la verdadera esencia de este libro. Este trabajo está dedicado a tu espíritu emprendedor y a tu viaje hacia el éxito.

Gracias a todos por ser parte de esta aventura.

Dedicatoria

A aquellos que han osado soñar y a los valientes que nunca dejaron que el miedo a fracasar impidiera su aventura hacia lo desconocido. Que este libro sea tu brújula en el vasto mar de posibilidades digitales.

Y recuerda siempre las palabras de Nelson Mandela:
"Siempre parece imposible hasta que se hace."
Que la determinación y la perseverancia iluminen tu camino hacia el éxito.

Introducción: El Viaje hacia tu Libertad Financiera

Allí estaba yo, inmerso en la efervescencia de la Gran Manzana, con más sueños en el bolsillo que dólares. La ciudad, un constante recordatorio de que para cada historia de éxito, hay mil de lucha. Mi reflejo en el espejo cada mañana no solo me devolvía la imagen de alguien determinado a dejar su marca, sino también la de un alma buscando su camino en el laberinto digital del siglo XXI.

Mi vida era un torbellino de trabajos esporádicos, cada uno menos inspirador que el anterior. Sin embargo, en lo más profundo, una chispa de ambición ardía con la promesa de un futuro más brillante. Era un buscavidas en el sentido más puro, siempre al acecho de la próxima gran oportunidad. Y entonces, como si estuviera escrito en las estrellas, encontré mi mina de oro en el lugar más inesperado: internet.

La revelación llegó una noche, navegando por las profundidades de la web, buscando algo, cualquier cosa, que pudiera ser el billete dorado hacia la libertad financiera y creativa que tanto anhelaba. Fue entonces cuando tropecé con el concepto de marketing digital. Al principio, las palabras 'SEO', 'marketing de afiliados', y 'comercio electrónico' me sonaban a un idioma extranjero, pero había algo en ese mundo digital que encendió un fuego en mi interior.

Comencé a consumir todo el conocimiento que podía, desde tutoriales en línea hasta foros especializados. Las noches se volvieron más largas, y el café, mi más fiel compañero. Pronto, lo que comenzó como una curiosidad se convirtió en una obsesión. Lancé mi primer sitio web, un humilde blog sobre viajes y estilo de vida, guiado por la intuición más que por la experiencia. Cada clic, cada nuevo seguidor, era una señal de que estaba en el camino correcto.

Pero no todo fue un camino de rosas. Hubo errores, fracasos, y momentos de duda. Sin embargo, con cada revés, aprendí. Aprendí sobre la importancia de la persistencia, la adaptabilidad y, sobre todo, la autenticidad en el vasto mar del contenido digital. Con el tiempo, mi sitio comenzó a generar ingresos a través de publicidad y colaboraciones. Había encontrado mi vocación.

Mi transformación de un soñador sin rumbo a un emprendedor digital exitoso no fue repentina. Fue el resultado de noches sin dormir, aprendizaje constante, y una inquebrantable fe en mi visión. Esta travesía, llena de altibajos, es la que me impulsó a compartir mi historia a través de este libro. Quiero que sea un faro para otros buscavidas como yo, mostrándoles que con pasión, paciencia, y perseverancia, encontrar su propia mina de oro en internet es más que una posibilidad; es una promesa.

Así que aquí estoy, plasmando mi viaje en palabras, no solo como un testimonio de mi transformación, sino como una guía para aquellos que se atreven a soñar. Porque en este mundo digital, las oportunidades son tan infinitas como nuestra capacidad de imaginarlas. Y si yo pude hacerlo, ¿por qué no tú?

Minería Digital de Oro: Vende Tus Fotografías e Imágenes

En la era digital, las imágenes son el lenguaje universal. Desde el sitio web de una *startup* hasta el blog de un viajero solitario, todos necesitan fotografías que capturen la esencia de sus mensajes. Aquí radica una oportunidad dorada para aquellos con una cámara y una visión creativa. Convertir tus fotografías en productos vendibles no solo es una manera de expresar tu arte sino también de abrir un flujo de ingresos en el vasto mercado de imágenes de *stock*. En este capítulo, exploraremos cómo puedes transformar tu pasión por la fotografía en una lucrativa aventura digital.

Conoce el Mercado

El primer paso en tu viaje es comprender el mercado. Plataformas como *Shutterstock*, *Adobe Stock* y *Getty Images* son minas de oro para los fotógrafos que buscan vender sus imágenes. Sin embargo, cada plataforma tiene su propio conjunto de reglas y tipo de audiencia. Investiga para encontrar la que mejor se adapte a tu estilo y temática fotográfica.

Crea Contenido de Calidad

La calidad es reina en el mundo de las imágenes de *stock*. Una buena fotografía es aquella que no solo es estéticamente agradable sino también útil para un amplio rango de aplicaciones. Piensa en escenarios de uso mientras disparas: publicidad, web, revistas, etc. Asegúrate de que tus imágenes estén bien compuestas, enfocadas y correctamente expuestas. La originalidad es tu mejor amiga; ofrece una nueva perspectiva sobre temas comunes para destacar entre la multitud.

Especialízate en un Nicho

Mientras que las imágenes genéricas tienen su lugar, las fotografías especializadas pueden ser más lucrativas. Identifica un nicho que te apasione y donde puedas ofrecer un valor único. Puede ser cualquier cosa, desde comida vegana hasta deportes extremos o retratos de mascotas. Un nicho te permite construir una marca personal y atraer a compradores específicos que buscan contenido especializado.

Palabras Clave y Metadatos

El uso inteligente de palabras clave y metadatos es crucial para que tus imágenes sean encontradas. Las plataformas de *stock* utilizan sistemas de búsqueda basados en texto para mostrar resultados a los compradores. Incluye palabras clave relevantes y descriptivas tanto en el título como en la descripción de cada imagen. Sé específico pero también considera sinónimos y términos relacionados para maximizar tu visibilidad.

Derechos y Licencias
Entender los derechos de autor y las opciones de licenciamiento es fundamental. La mayoría de las plataformas ofrecen licencias libres de derechos (*royalty-free*), permitiendo a los compradores usar las imágenes en múltiples proyectos sin pagar regalías adicionales. Sin embargo, asegúrate de conocer las restricciones, especialmente en cuanto a derechos de propiedad y privacidad si tus imágenes incluyen personas o propiedades reconocibles.

Construye un Portafolio Diverso
No pongas todos tus huevos en una sola canasta. Diversifica tu portafolio subiendo a varias plataformas y creando una gama de imágenes que cubra diversos temas y estilos. Esto no solo aumenta tus posibilidades de ventas sino que también te da una idea de qué tipo de imágenes tienen mejor desempeño, permitiéndote ajustar tu estrategia.

Promociona tu Trabajo

Finalmente, no subestimes el poder de la autopromoción. Utiliza las redes sociales, tu sitio web personal, y otros canales digitales para compartir tu trabajo. Esto puede atraer directamente a compradores a tus imágenes y ayudarte a construir una reputación en el campo.

Conclusión

Vender fotografías en plataformas de imágenes de *stock* es un arte tanto como un negocio. Requiere paciencia, persistencia y una mejora continua de tu arte y técnicas de marketing. Con cada imagen que vendes, no solo estás ganando dinero; estás compartiendo tu visión única del mundo. Así que toma tu cámara, captura la belleza y las curiosidades de lo que te rodea, y comienza tu propia aventura en la minería digital de oro.

Palabras que Valen Oro: *Freelance* de Escritura y *Copywriting*

Historia de la vida real: "De Poeta Callejero a Gurú del *Copywriting*"

Era un día lluvioso de abril, y allí estaba yo, observando cómo las gotas de lluvia competían en una carrera por el cristal de mi ventana, reflejando a la perfección el torrente de mis pensamientos. Mi carrera como "poeta de acera" (¡sí, eso intentaba ser!) no estaba yendo exactamente como había planeado. Mi audiencia, compuesta principalmente por peatones apurados y palomas curiosas, parecía no apreciar mis odas a la vida urbana.

Decidí que era momento de un cambio. "El mundo digital", pensé. "Ese será mi nuevo escenario". Con el mismo entusiasmo con que había recitado mis versos a las masas (léase: a un señor que me dio una mirada de confusión y a una señora que me ofreció una moneda), me lancé al mundo del *copywriting* y la escritura *freelance*.

Mi primer intento fue escribir descripciones de productos para una tienda en línea de calcetines personalizados. ¿Quién sabía que podría haber tantas formas de describir calcetines con estampados de aguacates? Pero ahí estaba yo, componiendo metáforas sobre la comodidad y el estilo como si de la última gran obra de la literatura se tratase.

Luego vinieron los blogs. Escribí sobre todo, desde la historia secreta del papel higiénico hasta las estrategias para una vida zen (¡aunque mi vida estuviera tan lejos de ser zen como un teléfono antiguo de estar cerca de ser un iPhone!).

Con cada tarea, mi habilidad crecía, pero también lo hacían las dudas. Hubo momentos en los que me pregunté si cambiar mis poemas callejeros por artículos sobre "10 maneras de desatascar tu fregadero" realmente valía la pena. Pero entonces, llegó.

El proyecto que cambió todo. Una *start-up* de moda sostenible me contrató para crear su contenido web y desarrollar su tono de marca. Ahí fue cuando todo clickeó. Utilicé mi voz única, mi humor (¡intacto a pesar de los fregaderos!) y mi amor por contar historias para ayudar a lanzar una marca que realmente creía en hacer la diferencia.

Atrás quedaron los días de recitar poesía a las aves urbanas. Ahora, mi audiencia era real, amplia y, lo más importante, ¡apreciaba mi trabajo! Aprendí que no importa cuán oscuro parezca el camino, siempre hay una oportunidad para aquellos dispuestos a escribir su propio destino, incluso si eso significa pasar de ser un poeta de la acera a un maestro del *copywriting*.

Y así, querido lector, a través de altibajos, dudas y calcetines de aguacate, encontré mi camino. Descubrí que, aunque el viaje hacia el éxito en el *copywriting* y la escritura *freelance* puede estar lleno de desvíos inesperados y trabajos peculiares, la perseverancia, la adaptabilidad y una pizca de humor pueden llevarte exactamente a donde necesitas estar.

La era digital ha multiplicado exponencialmente la demanda de contenido escrito. Desde blogs y sitios web hasta campañas publicitarias y redes sociales, el contenido es el rey, y los escritores son los artífices detrás del trono. Ser un escritor o *copywriter freelance* no solo ofrece la libertad de trabajar desde cualquier lugar sino también la oportunidad de ejercer un impacto significativo con tus palabras. En este capítulo, exploraremos estrategias efectivas para lanzarte al mundo del *freelance* de escritura y *copywriting*, asegurando no solo encontrar trabajo rápidamente sino también establecer precios justos y sostenibles.

Define Tu Nicho

Especializarte en un nicho específico puede diferenciarte en un mercado saturado. Ya sea tecnología, moda, salud, viajes, o cualquier otro campo, tener un área de especialización te posiciona como experto, lo que puede atraer clientes específicos buscando tu conjunto único de habilidades y conocimientos.

Construye un Portafolio Sólido

Antes de poder vender tus servicios, necesitas mostrar lo que puedes hacer. Crea un portafolio en línea incluyendo tus mejores trabajos. Si estás comenzando y no tienes trabajos previos, considera crear muestras propias o contribuir a blogs y publicaciones para ganar experiencia y visibilidad.

Establece Precios Competitivos pero Justos

Determinar tus tarifas puede ser desafiante. Investiga lo que otros *freelancers* en tu nicho están cobrando para tener una idea general, pero considera tu nivel de experiencia, la calidad de tu trabajo, y la complejidad de los proyectos al establecer tus precios. No subestimes tu valor por temor a no encontrar trabajo; los clientes que reconocen la calidad están dispuestos a pagar por ella.

Utiliza Plataformas *Freelance*

Sitios como *Upwork, Freelancer* y *Fiverr* pueden ser excelentes lugares para comenzar tu búsqueda de clientes. Aunque la competencia es alta, estas plataformas pueden ofrecerte la oportunidad de construir tu reputación y portafolio. Personaliza tus propuestas para cada trabajo y destaca cómo puedes solucionar las necesidades específicas del cliente.

La creación de redes es crucial en el *freelance*. Utiliza las redes sociales para promocionar tu trabajo y conectar con potenciales clientes. *LinkedIn*, en particular, es una herramienta poderosa para los *freelancers*, permitiéndote mostrar tu experiencia y conectar con empresas y profesionales que pueden necesitar tus servicios.

Blogging y SEO
Tener un blog no solo demuestra tus habilidades de escritura sino que también puede atraer clientes a través de motores de búsqueda. Aprende los fundamentos de SEO para mejorar la visibilidad de tu sitio web y asegurarte de que los clientes puedan encontrarte.

Testimonios y Referencias
La satisfacción del cliente es tu mejor publicidad. Pide a tus clientes que dejen testimonios de tu trabajo y no dudes en utilizarlos en tu portafolio y redes sociales. Las referencias boca a boca pueden ser extremadamente valiosas, así que siempre entrega tu mejor esfuerzo en cada proyecto.

Mantente Actualizado

El mundo digital está en constante evolución, y lo mismo sucede con las tendencias de escritura y *copywriting*. Mantente actualizado con las últimas tendencias, técnicas de SEO, y mejores prácticas para asegurar que tu trabajo siga siendo relevante y efectivo.

Conclusión

La escritura y el *copywriting freelance* ofrecen un camino viable hacia la libertad financiera y creativa. Con la estrategia correcta, puedes convertir tus palabras en una herramienta poderosa, no solo para contar historias sino también para construir marcas, persuadir audiencias, y, lo más importante, forjar tu propio destino. Recuerda, cada palabra que escribes no solo agrega una página a tu portafolio sino que también te acerca un paso más a tu objetivo de convertir tu pasión por la escritura en una carrera gratificante.

Código de Riquezas: Desarrollo y Venta Rápida de *Software*

Permíteme llevarte a través del viaje de Pieter Levels, un relato que nos muestra cómo la combinación de curiosidad, determinación y adaptabilidad puede transformarse en un éxito rotundo en el mundo digital. Pieter, un emprendedor con una idea audaz y un espíritu inquebrantable, se propuso un desafío que a muchos les parecería desalentador: lanzar 12 *startups* en 12 meses. Aunque no todas sus ideas alcanzaron las estrellas, una en particular, *Nomad List*, se disparó, cambiando el juego para los nómadas digitales alrededor del globo.

El inicio de *Nomad List* fue modesto, emergiendo de una simple hoja de cálculo que recopilaba datos sobre diferentes ciudades, desde costos de vida hasta velocidades de internet, diseñada para ayudar a los trabajadores remotos a encontrar el lugar perfecto para vivir y trabajar. Lo que comenzó como un recurso personal rápidamente captó la atención de una comunidad creciente que compartía el deseo de Pieter de una vida sin ataduras geográficas.

Reconociendo la oportunidad, Pieter se sumergió en el desarrollo de un sitio web más robusto, a pesar de contar solo con conocimientos básicos de programación. Fue un viaje de aprendizaje autodidacta, nutrido por la práctica y la experimentación, donde cada nuevo código escrito era un paso hacia delante en su misión. A medida que el sitio comenzaba a tomar forma, se incorporaban características innovadoras basadas en el invaluable *feedback* de sus usuarios, lo que hacía de *Nomad List* una plataforma indispensable para los aventureros digitales.

La popularidad del sitio no tardó en crecer, y con ella, la necesidad de un modelo de monetización que pudiera sostener y escalar el proyecto. Pieter introdujo entonces una membresía premium, ofreciendo funciones adicionales que enriquecían la experiencia del usuario. Esta transición de un proyecto de pasión a un negocio rentable fue tanto un desafío como una confirmación del valor que *Nomad List* aportaba a su comunidad.

Hoy, *Nomad List* se erige como un faro para nómadas digitales, ofreciendo no solo datos y estadísticas, sino también convirtiéndose en un punto de encuentro para aquellos que buscan romper con el tradicional 9 a 5 y vivir en sus propios términos. Pieter, a través de su perseverancia y habilidad para adaptarse, no solo ha construido un negocio exitoso sino que también ha inspirado a otros a seguir sus pasos, demostrando que con la mentalidad correcta, aprender a codificar y lanzar un proyecto en el mundo digital está al alcance de todos.

La historia de Pieter Levels es un recordatorio vibrante de que no se necesitan títulos impresionantes ni inversiones masivas para hacer realidad una idea; a veces, todo lo que se necesita es la voluntad de aprender, adaptarse y perseverar frente a los desafíos. En su viaje, nos enseña que el verdadero éxito radica no solo en alcanzar nuestras metas, sino en inspirar a otros a tomar la iniciativa y explorar sus propias pasiones.

En la actualidad, el *software* se ha convertido en una herramienta indispensable en nuestra vida cotidiana y laboral. Desde aplicaciones que nos ayudan a organizarnos mejor hasta *plugins* que mejoran la funcionalidad de nuestros sitios web, el *software* está en todas partes. ¿Pero sabías que incluso con conocimientos básicos de programación, puedes crear pequeñas herramientas o *plugins* y convertirlos en fuentes de ingresos? Aquí te mostraré cómo.

Empieza Pequeño
La clave para entrar en el mundo del desarrollo y venta de *software*, especialmente si eres un novato, es comenzar con proyectos pequeños. Piensa en problemas cotidianos que enfrentas tú mismo o tus conocidos y que podrían resolverse con una herramienta simple. Esto no solo te dará una idea clara de lo que necesitas desarrollar, sino que también asegura que haya una demanda para tu solución.

Aprende Lo Básico

No necesitas ser un experto en codificación para empezar. Hay una plétora de recursos en línea gratuitos y pagos que te pueden enseñar los fundamentos de la programación. Plataformas como *Codecademy*, *Udemy*, y *freeCodeCamp* son excelentes puntos de partida. Concentra tu aprendizaje inicial en un solo lenguaje de programación que sea ampliamente utilizado y relevante para el tipo de herramientas o *plugins* que deseas crear, como *JavaScript* para desarrollo web.

Desarrolla y Testea

Una vez que tengas una idea y conocimientos básicos de programación, es hora de empezar a desarrollar. Utiliza plataformas de desarrollo que te faciliten el trabajo, como *GitHub*, para mantener tu código organizado y accesible. No te olvides de la importancia de probar tu *software* exhaustivamente para asegurar que sea robusto y libre de errores. Pide a amigos o a la comunidad en línea que lo prueben también y prepárate para hacer ajustes basados en sus comentarios.

Licencia y Precios

Decide cómo quieres licenciar tu *software*. ¿Será una compra única, o utilizarás un modelo de suscripción? Considera la posibilidad de ofrecer una versión gratuita con funcionalidades limitadas y una versión premium con todas las características. Esto puede ayudar a los usuarios a probar tu producto antes de comprometerse a comprarlo.

Vender o Alquilar en Línea
Hay varias plataformas en línea donde puedes vender o alquilar tu *software*. Si has desarrollado un *plugin*, por ejemplo, los mercados como *CodeCanyon* para *plugins* de *WordPress* son ideales.

También puedes vender directamente desde tu propio sitio web, lo que te da más control sobre el proceso de venta pero requiere que manejes tú mismo la comercialización y el servicio al cliente.

Marketing y Promoción
No subestimes el poder del marketing digital. Utiliza las redes sociales, el marketing por correo electrónico, y el *blogging* para hablar sobre tu producto. Crea contenido útil que no solo promocione tu herramienta o *plugin*, sino que también eduque a tu audiencia sobre problemas relacionados que tu producto puede resolver.

Recibe y Actúa Según los Comentarios

Una vez que tu *software* esté en manos de los usuarios, escucha atentamente sus comentarios. Esta información es invaluable para mejorar tu producto actual y orientar el desarrollo de futuros proyectos.

Conclusión

Desarrollar y vender *software* como programador novato puede parecer desalentador al principio, pero es totalmente factible con el enfoque y recursos correctos. Al empezar pequeño, aprender constantemente y estar abierto a los comentarios, puedes transformar tus ideas en herramientas útiles que no solo satisfacen una necesidad sino que también aportan a tu libertad financiera. Recuerda, cada gran desarrollador comenzó en algún lugar, y con paciencia y perseverancia, tú también puedes alcanzar el éxito en el mundo del desarrollo de *software*.

El Arte de la Reventa: *Dropshipping* y Arbitraje

Adentrémonos en el fascinante mundo del *dropshipping* y el arbitraje de productos, estrategias de comercio electrónico que han democratizado el acceso al emprendimiento. Estos modelos de negocio permiten a los emprendedores vender productos sin necesidad de almacenar inventario, eliminando una de las barreras más grandes para entrar al mundo del comercio: la inversión inicial en *stock*. Aquí te mostraré cómo puedes comenzar tu viaje hacia el éxito en la reventa, paso a paso.

Dropshipping: Tu Tienda Virtual sin Inventario

1. Elige tu nicho: La clave para un negocio exitoso de *dropshipping* es elegir un nicho de mercado específico. Esto te permite enfocarte en productos que te apasionan y en los que tienes conocimiento.

Un nicho bien definido también facilita el marketing dirigido y la construcción de una base de clientes leales.

2. Encuentra proveedores confiables: La esencia del *dropshipping* es la relación entre tú (el vendedor) y tu proveedor. Plataformas como *AliExpress*, *Oberlo*, y *SaleHoo* te permiten encontrar proveedores de todo el mundo. Busca proveedores con buenas reseñas, tiempos de envío razonables, y productos de calidad.

3. Crea tu tienda *online*: Con plataformas como *Shopify*, *WooCommerce*, o *BigCommerce*, puedes configurar tu tienda en línea sin necesidad de conocimientos avanzados en programación.

Asegúrate de que tu tienda esté bien diseñada, sea fácil de navegar, y ofrezca una experiencia de usuario excepcional.

4. Configura tus precios: El *pricing* es fundamental en el *dropshipping*. Debes encontrar el equilibrio entre ser competitivo y mantener un margen de beneficio saludable. Considera todos los costos involucrados, incluidos los gastos de envío y las comisiones de la plataforma.

5. Marketing y ventas: Utiliza estrategias de marketing digital como el SEO, el marketing en redes sociales, y el *email marketing* para atraer clientes a tu tienda. Considera también utilizar la publicidad pagada en *Google* y *Facebook* para aumentar tu alcance.

Arbitraje de Productos: Compra Barato, Vende Caro

El arbitraje de productos implica comprar productos a un precio bajo para luego venderlos a un precio más alto en diferentes mercados o plataformas.

1. Investiga el mercado: Utiliza herramientas como *Keepa* para *Amazon* o el historial de precios de *eBay* para identificar productos que se venden a precios significativamente diferentes en distintas plataformas.

2. Encuentra ofertas: Busca oportunidades de compra en liquidaciones, ventas de garaje, tiendas de segunda mano, o incluso en plataformas de comercio electrónico donde los productos se ofrezcan a precios reducidos.

3. Vende en la plataforma adecuada: Elige la plataforma donde crees que puedes obtener la mayor ganancia por tus productos. *Amazon*, *eBay*, y *Etsy* son opciones populares, cada una con su propio conjunto de reglas y audiencia.

4. Optimiza tus listados: Para el arbitraje de productos, la presentación es clave. Asegúrate de que tus listados sean atractivos, con descripciones detalladas y fotografías de alta calidad. Utiliza palabras clave relevantes para mejorar la visibilidad de tus productos.

5. Gestiona tus envíos: Aunque estés comprando y vendiendo productos físicos, puedes utilizar servicios de *fulfillment* para automatizar el proceso de envío, reduciendo la carga de trabajo y mejorando la experiencia del cliente.

Conclusión

Tanto el *dropshipping* como el arbitraje de productos ofrecen caminos accesibles hacia el emprendimiento en línea, cada uno con sus propias ventajas y desafíos. Al elegir uno de estos modelos, estás dando el primer paso hacia la construcción de un negocio que no solo es rentable sino también escalable. Recuerda, el éxito en estos modelos depende de tu diligencia en la investigación, la selección de productos, y tus esfuerzos de marketing. Con paciencia, perseverancia, y una estrategia sólida, puedes convertirte en un maestro del arte de la reventa.

Influencia Lucrativa: Monetiza tus Redes Sociales

Las redes sociales se han transformado de simples plataformas de comunicación y entretenimiento a poderosos canales de marketing y monetización. Si tienes una audiencia dedicada en cualquiera de las plataformas de redes sociales, tienes ante ti un tesoro aún por descubrir. En este capítulo, exploraremos cómo puedes aprovechar tu influencia en redes sociales para generar ingresos a través de la publicidad, los productos promocionales y las colaboraciones.

Publicidad Directa
1. Programas de Afiliados: Únete a programas de afiliados que se alineen con los intereses de tu audiencia. Al promocionar productos o servicios, puedes ganar comisiones por cada venta realizada a través de tu enlace único de afiliado. Plataformas como *Amazon Associates*, *ShareASale* y *ClickBank* ofrecen una variedad de productos para promocionar.

2. Publicaciones Patrocinadas: Las marcas están constantemente buscando *influencers* con audiencias comprometidas para promocionar sus productos. Dependiendo de tu número de seguidores y nivel de *engagement*, puedes cobrar por publicaciones patrocinadas en tus redes sociales.

Productos Promocionales
1. *Merchandising* Propio: Si tienes una marca personal fuerte, considera crear y vender tu propio *merchandising*. Esto puede incluir camisetas, gorras, tazas o cualquier artículo que resuene con tu audiencia. Plataformas como *Teespring* y *Merch by Amazon* te permiten hacer esto sin necesidad de manejar inventario o envíos.

2. *eBooks* y Cursos Digitales: Compartir tu conocimiento a través de *eBooks* o cursos *online* es otra forma de monetizar tu influencia. Plataformas como *Teachable* y *Gumroad* facilitan la creación y venta de estos productos digitales a tu audiencia.

Colaboraciones
1. Asociaciones con Marcas: Establecer relaciones a largo plazo con marcas puede ser más beneficioso que las colaboraciones puntuales. Busca marcas con las que sientas una afinidad genuina y propón asociaciones que puedan incluir series de contenido, apariciones en eventos o incluso el desarrollo de productos conjuntos.

2. Embajador de Marca: Convertirse en embajador de una marca te permite asociarte de manera más profunda con la marca, a menudo con contratos que proveen ingresos estables a cambio de promoción continua a través de tus canales de redes sociales.

Estrategias para Maximizar la Monetización
1. Conoce a tu Audiencia: Entender los intereses, necesidades y comportamientos de tu audiencia es crucial para cualquier estrategia de monetización. Utiliza las herramientas de análisis proporcionadas por las plataformas de redes sociales para obtener *insights* valiosos.

2. Mantén la Autenticidad: Nunca promociones productos en los que no creas o que no usarías tú mismo. Tu audiencia confía en tu honestidad y perder esa confianza puede dañar tu reputación y tu capacidad para monetizar a largo plazo.

3. Diversifica tus Ingresos: No te limites a un solo método de monetización. Al combinar diferentes estrategias, puedes crear múltiples flujos de ingresos y reducir el riesgo.

Conclusión

Monetizar tus redes sociales es una excelente manera de convertir tu pasión por compartir y crear contenido en una fuente de ingresos. Ya sea a través de publicidad directa, vendiendo productos promocionales o colaborando con marcas, las oportunidades son vastas. Lo importante es mantenerse fiel a tu voz y asegurarte de que cualquier esfuerzo de monetización aporte valor a tu audiencia. Con estrategia, paciencia y autenticidad, puedes transformar tu influencia en redes sociales en una aventura lucrativa.

Sabiduría en Venta: Crea y Vende Cursos *Online*

La educación en línea ha experimentado un auge sin precedentes, abriendo puertas para que expertos en diversas materias compartan su conocimiento y pasión con estudiantes de todo el mundo. Crear y vender cursos *online* no solo es una excelente manera de generar ingresos pasivos, sino también de establecer tu autoridad en tu campo. A continuación, te guiaré a través de los pasos esenciales para crear y vender cursos en plataformas de aprendizaje en línea, desde la concepción de la idea hasta las estrategias de marketing para su promoción.

Paso 1: Define tu Nicho y Tema del Curso
1. Identifica tu Especialidad: Elige un tema en el que tengas conocimientos profundos y una pasión genuina. Considera las preguntas frecuentes en tu campo y los temas que generan interés.

2. Investiga el Mercado: Utiliza herramientas como *Google Trends* y revisa plataformas de cursos *online* como *Udemy*, *Coursera*, y *Skillshare* para identificar demandas insatisfechas y evaluar la competencia.

Paso 2: Planificación del Curso

1. Define los Objetivos de Aprendizaje: ¿Qué habilidades o conocimientos adquirirán tus estudiantes al finalizar el curso? Ser específico ayuda a crear un contenido estructurado y objetivo.

2. Estructura tu Curso: Divide tu curso en módulos o secciones lógicas. Cada módulo debe abordar un aspecto específico del tema general, facilitando el aprendizaje paso a paso.

Paso 3: Creación de Contenido

1. Elige el Formato Adecuado: Los cursos pueden incluir una variedad de formatos, como videos, lecturas, cuestionarios y proyectos. Los videos son especialmente populares, así que considera invertir en un buen equipo de grabación y edición.

2. Crea Contenido de Calidad: Asegúrate de que tu contenido sea claro, informativo y atractivo. Usa ejemplos prácticos y ejercicios interactivos para mejorar la experiencia de aprendizaje.

Paso 4: Elige la Plataforma Adecuada

1. Autogestión vs. Plataformas de Mercado: Puedes optar por vender tu curso en tu propio sitio web utilizando herramientas como *Teachable* o *Thinkific*, o publicarlo en plataformas de mercado donde los estudiantes ya están buscando cursos.

2. Considera las Comisiones y Características: Evalúa las comisiones, las herramientas de marketing y las opciones de personalización que ofrece cada plataforma para tomar la mejor decisión para tu curso.

Paso 5: Precios y Paquetes
1. Estrategia de Precios: Investiga qué están cobrando otros cursos similares. Considera ofrecer diferentes niveles de precios o paquetes para atraer a un espectro más amplio de estudiantes.

2. Ofertas y Descuentos: Los descuentos por tiempo limitado o el acceso a contenido adicional pueden incentivar las inscripciones.

Paso 6: Marketing y Promoción
1. Construye una Presencia en Línea: Utiliza las redes sociales, blogs y *podcasts* para compartir tu experiencia y construir una audiencia antes del lanzamiento de tu curso.

2. Email Marketing: Crea una lista de correo electrónico ofreciendo recursos gratuitos relacionados con tu curso a cambio de suscripciones. Luego, utiliza esta lista para promocionar tu curso.

3. Colaboraciones: Colabora con otros instructores o *influencers* en tu nicho para expandir tu alcance.

4. Anuncios Pagados: Considera utilizar anuncios pagados en *Google* o redes sociales para atraer estudiantes a tu curso.

Paso 7: Recopila Comentarios y Mejora
1. Solicita Opiniones: Al final del curso, pide a tus estudiantes que dejen comentarios. Esto no solo te proporcionará testimonios valiosos sino que también te ayudará a identificar áreas de mejora.

2. Actualiza Regularmente tu Curso: La industria y los intereses cambian. Mantén tu curso actualizado y sigue agregando valor para fomentar nuevas inscripciones y retener a los estudiantes.

Conclusión
Crear y vender cursos *online* es un proceso gratificante que permite compartir tu sabiduría con el mundo y al mismo tiempo generar ingresos. La clave del éxito radica en la calidad del contenido, una planificación cuidadosa y estrategias de marketing efectivas. Con dedicación y esfuerzo, puedes convertirte en una autoridad respetada en tu campo, inspirando y educando a estudiantes de todas partes.

Asistencia Virtual: Tu Puerta a Ingresos *Online*

El mundo digital ha abierto un abanico de oportunidades para trabajar desde cualquier lugar, y una de las opciones más accesibles y demandadas es la de asistente virtual (AV). Este rol ofrece la flexibilidad de horarios, variedad en las tareas y la posibilidad de colaborar con clientes de distintas industrias. Convertirse en un asistente virtual puede ser sorprendentemente rápido si sabes cómo navegar el proceso. Aquí te guiaré sobre cómo puedes empezar en menos de un día, detallando las habilidades más solicitadas y dónde encontrar trabajo.

Definiendo el Rol de un Asistente Virtual

Un asistente virtual proporciona soporte administrativo, técnico o creativo a negocios o emprendedores desde una ubicación remota. Las tareas pueden variar desde responder correos electrónicos, gestionar agendas, hasta crear contenido para redes sociales.

Habilidades Más Demandadas

1. Comunicación Eficaz: Tanto escrita como verbal, es crucial para manejar correspondencia, atender llamadas y colaborar efectivamente con clientes y otros miembros del equipo.
2. Organización y Gestión del Tiempo: La habilidad para manejar múltiples tareas y priorizarlas es esencial para un AV exitoso.
3. Conocimientos de *Software* de Oficina: Dominar paquetes de *software* como *Microsoft Office* o *Google Workspace* es fundamental.
4. Habilidades en Redes Sociales y Marketing Digital: Cada vez más negocios buscan presencia *online*, así que saber gestionar redes sociales, SEO básico y marketing por correo electrónico puede ser un gran plus.
5. Habilidades Técnicas Específicas: Dependiendo del nicho, puedes necesitar conocimientos en herramientas de diseño gráfico como *Adobe Photoshop*, programas de contabilidad o CRM específicos.

Cómo Empezar en Menos de un Día
1. Evalúa Tus Habilidades: Haz un inventario de tus habilidades actuales y cómo pueden aplicarse al trabajo de asistente virtual. Identifica áreas donde podrías necesitar mejorar o aprender nuevas habilidades.

2. Define Tu Oferta: Decide qué servicios ofrecerás basándote en tus habilidades y áreas de interés. Es mejor especializarse en un nicho particular que intentar abarcar demasiado.

3. Configura Tu Espacio de Trabajo: Asegúrate de tener un entorno de trabajo tranquilo y los equipos necesarios (computadora, conexión a internet fiable, teléfono).

4. Crea un Perfil en Línea: Construye un perfil profesional en LinkedIn y considera crear un sitio web o portafolio en línea para destacar tus habilidades y experiencia.

5. Regístrate en Plataformas *Freelance*: Sitios como Upwork, *Freelancer* y Fiverr son excelentes lugares para comenzar a buscar trabajo. Crea perfiles detallados y aplica a trabajos que se ajusten a tus habilidades.

6. Redes y Referencias: No subestimes el poder del networking. Informa a amigos, familiares y antiguos colegas sobre tus servicios. Las referencias pueden ser una excelente manera de conseguir tus primeros clientes.

Dónde Encontrar Trabajo

Además de las plataformas *freelance* mencionadas, considera unirte a grupos de *Facebook* y foros en línea relacionados con el trabajo remoto y asistencia virtual. Estos pueden ser excelentes lugares para encontrar ofertas de trabajo y consejos de otros asistentes virtuales. También puedes contactar directamente a negocios o emprendedores que creas que podrían beneficiarse de tus servicios.

Conclusión

Convertirse en un asistente virtual es una forma viable y flexible de ganar dinero en línea. Al identificar tus habilidades, especializarte en un nicho y utilizar las plataformas correctas para encontrar trabajo, puedes empezar tu carrera de AV en menos de un día. Recuerda, la clave del éxito es la comunicación efectiva, la organización y estar siempre dispuesto a aprender y adaptarse a las necesidades de tus clientes.

La Revolución del *Microstock*: Venta de Videos Cortos

En un mundo donde el contenido visual domina, los videos cortos se han convertido en una herramienta poderosa para comunicar ideas, contar historias y vender productos. La creciente demanda de este tipo de contenido en redes sociales, anuncios publicitarios y plataformas digitales ha abierto nuevas avenidas para creadores de contenido en el espacio del *microstock*. Si tienes una cámara y una visión creativa, aquí te mostraré cómo puedes capitalizar esta tendencia vendiendo videos cortos en plataformas de *microstock*.

Conociendo el Mercado del *Microstock*

El mercado de *microstock* ofrece una plataforma para que fotógrafos y videógrafos vendan sus obras a un público global. Empresas, publicistas, y creadores de contenido buscan constantemente material de alta calidad que puedan licenciar para sus proyectos.

Equipamiento Básico

No necesitas el equipo más caro para empezar. Una buena cámara DSLR, una cámara sin espejo, o incluso un *smartphone* de alta gama pueden ser suficientes. Considera invertir en un trípode estable y, si es posible, en iluminación y micrófonos para mejorar la calidad de tus producciones.

Creación de Contenido Atractivo

1. Encuentra Tu Nicho: Concéntrate en temas o industrias que te apasionen y donde puedas ofrecer una perspectiva única. Esto podría ser naturaleza, vida urbana, tecnología, estilo de vida o cualquier área que te interese.

2. Tendencias y Demanda: Investiga qué tipos de videos son más demandados. Las plataformas de *microstock* a menudo publican listas de contenido deseado, lo que puede darte una idea de lo que los compradores buscan.

3. Calidad sobre Cantidad: Prioriza la creación de contenido de alta calidad. Esto significa buena composición, iluminación adecuada, y edición profesional. Los videos deben ser no solo visualmente atractivos sino también técnicamente sólidos.

4. Historias que Cautiven: Incluso en formatos cortos, contar una historia puede hacer que tu video destaque. Piensa en cómo puedes comunicar una idea o emoción en pocos segundos.

Plataformas de *Microstock* para Videos

Algunas de las plataformas más populares para vender videos cortos incluyen *Shutterstock*, *Adobe Stock*, *Pond5*, y *Getty Images*. Cada plataforma tiene sus propias reglas y comisiones, así que investiga cuál se adapta mejor a tus necesidades.

Estrategias de Precios

La fijación de precios puede variar dependiendo de la plataforma y del uso previsto del video. Algunos sitios permiten fijar tus propios precios, mientras que otros tienen estructuras de precios establecidas. Considera la longitud, la calidad y la exclusividad del contenido al establecer tus precios.

Marketing y Promoción

1. Promociona en Redes Sociales: Utiliza tus redes sociales para compartir tu trabajo y dirigir tráfico a tus portafolios en las plataformas de *microstock*.
2. Construye un Portafolio *Online*: Considera crear un sitio web personal o un blog donde puedas mostrar tu trabajo y compartir tus experiencias y consejos sobre videografía.
3. SEO: Utiliza palabras clave relevantes en los títulos y descripciones de tus videos para asegurarte de que aparecen en las búsquedas tanto en las plataformas de *microstock* como en los motores de búsqueda generales.

Consejos Finales para el Éxito

- Consistencia: La clave para el éxito en el *microstock* es la consistencia. Continúa subiendo nuevos contenidos regularmente para mantener tu portafolio fresco y atractivo.
- *Feedback*: Presta atención a los comentarios y análisis de tus ventas. Esto puede darte una idea clara de qué tipos de videos tienen mejor rendimiento y ajustar tu enfoque en consecuencia.
- Paciencia: El éxito en el mundo del *microstock* no se logra de la noche a la mañana. Requiere paciencia, aprendizaje continuo y adaptación a las tendencias del mercado.

Conclusión

Vender videos cortos en plataformas de *microstock* es una excelente manera de monetizar tu creatividad y habilidades técnicas en videografía. Al concentrarte en la calidad, mantenerte al tanto de las tendencias del mercado y promocionar activamente tu trabajo, puedes construir una fuente de ingresos pasivos mientras haces lo que amas. Recuerda, cada video que creas es una oportunidad para capturar la atención del mundo, contar una historia y, por supuesto, abrir las puertas a la revolución del *microstock*.

Diseño que Vende: Gráficos y Plantillas Web

En el vasto universo digital, el diseño no solo mejora la estética; facilita la comunicación entre las marcas y su audiencia, elevando la experiencia del usuario. Para diseñadores gráficos y web, los mercados digitales representan una mina de oro para vender diseños y plantillas. Este capítulo te guiará a través de estrategias efectivas para crear, presentar y vender tus obras en estos espacios competitivos.

Conoce Tu Mercado

Antes de sumergirte, es crucial entender el mercado. Plataformas como ThemeForest, Creative Market, Etsy, y GraphicRiver son populares entre los compradores de diseños y plantillas web. Cada una tiene su público objetivo y requisitos de presentación, así que investiga para determinar cuál se alinea mejor con tu estilo y objetivos.

Diseña con el Usuario Final en Mente

1. Funcionalidad y Estética: Tus diseños deben ser no solo visualmente atractivos sino también funcionales. Piensa en la usabilidad y la experiencia del usuario final al crear tus plantillas.

2. Tendencias y Originalidad: Mantente al tanto de las últimas tendencias en diseño web y gráfico, pero no olvides añadir tu toque único. La originalidad es lo que hará que tus diseños destaquen en un mercado saturado.

3. Adaptabilidad: Asegúrate de que tus diseños sean responsivos y compatibles con diferentes navegadores y dispositivos. Esto maximizará su atractivo y usabilidad.

Documentación y Soporte

Una documentación clara y detallada puede ser un gran diferenciador. Proporciona instrucciones sobre cómo personalizar y utilizar tus diseños, así como información de contacto para soporte. Esto no solo mejora la experiencia del cliente sino que también reduce la cantidad de consultas de soporte que podrías recibir.

Precios Competitivos

Establecer el precio correcto es clave. Investiga lo que otros diseñadores están cobrando por productos similares y considera tu tiempo y esfuerzo al determinar tus precios. No temas empezar un poco más bajo para atraer a los primeros compradores y construir reseñas positivas.

Creación de un Portafolio Impresionante

Tu portafolio en línea es tu carta de presentación. Asegúrate de que sea profesional, fácil de navegar y que destaque tus mejores trabajos. Incluye descripciones de cada proyecto que muestren tu proceso creativo y los resultados obtenidos.

Marketing y Promoción

1. SEO: Utiliza palabras clave relevantes en las descripciones de tus productos para mejorar su visibilidad en las búsquedas internas de la plataforma y en los motores de búsqueda externos.
2. Redes Sociales y Blogs: Comparte tus creaciones en redes sociales y considera escribir artículos de blog que muestren tu expertise y dirijan tráfico hacia tus diseños.
3. Ofertas y Promociones: Considera ofrecer descuentos por tiempo limitado o paquetes promocionales para incentivar las compras.

Atención al Cliente

Proporcionar un excelente servicio al cliente es crucial para construir una reputación sólida. Sé rápido y cortés al responder preguntas y resolver problemas. Las reseñas positivas y el boca a boca pueden hacer maravillas para aumentar tus ventas.

Aprende y Adapta

El mundo del diseño está en constante evolución. Mantente informado sobre nuevas herramientas, tecnologías y prácticas emergentes. Recoge *feedback* de tus clientes y usa esa información para mejorar y expandir tu oferta de productos.

Conclusión

Vender diseños y plantillas web en mercados digitales es una excelente manera de monetizar tu talento y pasión por el diseño. Requiere dedicación, creatividad y un compromiso con la calidad y el servicio al cliente. Al seguir estos consejos y mantener una actitud de aprendizaje y adaptación, puedes establecer una presencia exitosa en el mercado digital y construir una carrera lucrativa como diseñador gráfico o web.

Ingresos Pasivos con eBooks: Escribe y Publica Hoy

La revolución digital ha democratizado el proceso de publicación, permitiendo a escritores independientes compartir sus obras con una audiencia global. Los eBooks, en particular, ofrecen una excelente oportunidad para generar ingresos pasivos. Aunque parece un desafío, es posible escribir, formatear y publicar un eBook en menos de 24 horas. Aquí te muestro cómo hacerlo, junto con estrategias de marketing para maximizar tus ventas.

Paso 1: Planificación y Escritura Rápida

1. Elige un Tema Específico: Concéntrate en un nicho o tema específico donde tengas conocimientos o puedas ofrecer enfoques únicos. Los temas que resuelven problemas concretos o responden a preguntas específicas suelen tener buena demanda.

2. Crea un Esquema Claro: Antes de comenzar a escribir, esboza los capítulos o secciones principales de tu eBook. Esto te ayudará a mantener el enfoque y a escribir de manera más eficiente.

3. Escribe con Enfoque: Elimina las distracciones y dedica unas horas a escribir el contenido. No te preocupes por la perfección en esta etapa; el objetivo es obtener una primera versión completa que puedas editar y mejorar.

Paso 2: Formateo y Diseño

1. Utiliza Herramientas de Formateo: Plataformas como Amazon Kindle Direct Publishing (KDP) ofrecen guías y herramientas gratuitas para formatear tu eBook de manera que sea compatible con sus lectores de e-books. Calibre es otra herramienta gratuita que puede convertir tu manuscrito a diferentes formatos de eBook.

2. Diseña una Portada Atractiva: La portada es lo primero que ven los potenciales lectores. Si no eres un diseñador gráfico, considera usar herramientas como Canva, que ofrece plantillas de diseño de portadas, o contrata a un profesional en plataformas *freelance* como Fiverr o Upwork.

Paso 3: Publicación

1. Elige una Plataforma de Publicación: Amazon KDP es una de las plataformas más populares y accesibles para autores independientes. No solo te permite publicar tu eBook gratuitamente, sino que también ofrece una amplia audiencia potencial.

2. Carga tu eBook: Sigue los pasos en la plataforma elegida para subir tu manuscrito, tu portada, y completar los detalles de tu libro (como el título, descripción, palabras clave, y categoría).

Paso 4: Marketing y Promoción

1. Pre-lanzamiento: Antes de publicar tu eBook, crea expectativa compartiendo detalles y avances en tus redes sociales, blog, o newsletter.

2. Optimiza la Página de tu Producto: Usa palabras clave relevantes en el título y la descripción de tu eBook para asegurar que aparezca en las búsquedas. Una descripción atractiva y testimonios (si los tienes) pueden convencer a los lectores indecisos.

3. Estrategias de Lanzamiento: Considera ofrecer tu eBook gratis o con descuento durante los primeros días para impulsar descargas y obtener reseñas. Las reseñas positivas son cruciales para convencer a nuevos lectores.

4. Promoción Continua: Utiliza tus canales de redes sociales, colaboraciones con bloggers o autores, entrevistas en podcasts, y cualquier otro medio disponible para mantener la visibilidad de tu eBook.

Estrategias Adicionales

- Serie de eBooks: Si tu primer eBook tiene éxito, considera expandirlo en una serie. Los lectores que disfrutaron tu primer libro probablemente estén interesados en más contenido relacionado.
- Actualizaciones: Mantén tu eBook actualizado con nueva información o mejoras basadas en el *feedback* de los lectores. Esto puede proporcionar una razón para promocionar el libro nuevamente.

Conclusión

Publicar un eBook en menos de 24 horas es una tarea ambiciosa pero factible, especialmente si eliges un tema sobre el cual ya tengas un buen conocimiento. A través de una planificación eficiente, el uso de herramientas de formateo y diseño, y una estrategia de marketing sólida, puedes transformar tu idea en un producto listo para generar ingresos pasivos. Recuerda, el éxito de tu eBook depende tanto de la calidad del contenido como de tus esfuerzos por promocionarlo. Con dedicación y estrategia, tu eBook puede alcanzar y enriquecer a una amplia audiencia global.

Consultoría Exprés: Vende tu Experiencia

En la era de la información, el conocimiento y la experiencia son commodities altamente valiosos. Si posees un conjunto de habilidades especializadas o una amplia experiencia en un campo determinado, la consultoría o el coaching en línea pueden ser tu próxima gran aventura empresarial. A continuación, te ofrezco una guía para empaquetar y vender tu experiencia, transformándola en una fuente lucrativa de ingresos.

Identifica tu Nicho

1. Especialización: La clave para una consultoría exitosa radica en la especialización. Identifica áreas donde tienes una fuerte experiencia o conocimientos únicos. Esto puede ser desde marketing digital hasta fitness, pasando por desarrollo personal o financiero.

2. Solución de Problemas: Concéntrate en problemas específicos que puedas resolver para tus clientes. Piensa en las preguntas más comunes que te hacen colegas o amigos sobre tu área de expertise.

Empaqueta tu Oferta

1. Servicios Personalizados: Crea paquetes de servicios que se alineen con las necesidades de tu público objetivo. Por ejemplo, sesiones individuales de coaching, cursos intensivos o paquetes de consultoría a largo plazo.

2. Establece Precios Claros: Define una estructura de precios para tus servicios. Considera ofrecer diferentes niveles de servicio a distintos puntos de precio para atraer una gama más amplia de clientes.

Construye tu Marca Personal

1. Presencia en Línea: Construye una presencia en línea sólida que refleje tu marca personal y profesionalismo. Un sitio web profesional y perfiles activos en redes sociales son esenciales.

2. Contenido de Valor: Genera contenido relevante y útil que demuestre tu conocimiento y experiencia. Blog posts, vídeos, podcasts y webinars gratuitos pueden ser excelentes maneras de atraer a potenciales clientes.

Marketing y Ventas

1. Red de Contactos: Utiliza tu red de contactos existente para promover tus servicios. Las referencias personales pueden ser una fuente poderosa de nuevos negocios.

2. Estrategias de Marketing Digital: Emplea estrategias de marketing digital, incluyendo SEO, marketing en redes sociales y publicidad pagada, para alcanzar a tu audiencia objetivo.

3. Prueba Social: Recopila testimonios y casos de estudio de clientes satisfechos para construir credibilidad y confianza en tus servicios.

Entrega de Valor

1. Herramientas y Plataformas: Aprovecha las herramientas y plataformas digitales para entregar tus servicios de manera eficiente. Zoom, Skype, o Google Meet pueden ser utilizados para sesiones de coaching o consultoría, mientras que plataformas como Teachable o Thinkific son útiles para cursos en línea.

2. Seguimiento y Soporte: Ofrece un excelente seguimiento y soporte posventa para asegurar la satisfacción del cliente y fomentar la repetición del negocio o referencias.

Expande tu Alcance

1. Colaboraciones: Busca oportunidades para colaborar con otros profesionales o empresas en tu campo. Esto puede expandir tu alcance y atraer a nuevos clientes.

2. Continúa Aprendiendo: El mundo cambia rápidamente, y mantenerse actualizado con las últimas tendencias y técnicas en tu campo es esencial para seguir siendo relevante y valioso para tus clientes.

Conclusión

Vender tu experiencia a través de la consultoría o el coaching en línea es una manera poderosa de monetizar tu conocimiento y ayudar a otros a alcanzar sus objetivos. Al identificar tu nicho, empaquetar tu oferta de manera atractiva, construir una marca personal fuerte, y emplear estrategias de marketing efectivas, puedes establecer un negocio de consultoría exitoso. Recuerda, el éxito en este campo se basa en la entrega de valor real y tangible a tus clientes, así como en la construcción de relaciones duraderas basadas en la confianza y los resultados.

Conclusiones: Tu Mapa del Tesoro Digital

Al llegar al final de este viaje juntos, has descubierto diversas maneras de embarcarte en la aventura del emprendimiento digital. Cada capítulo ha sido una pieza del mapa hacia tu tesoro: la libertad financiera y la realización personal a través del negocio en línea. Aquí, en nuestras conclusiones, consolidaremos las lecciones aprendidas y trazaremos un curso para seguir adelante, escalar tu emprendimiento y asegurar un flujo constante de ingresos.

Reflexiones Finales
El camino hacia el éxito en línea no es lineal ni exento de desafíos. Habrá momentos de duda, errores y aprendizajes. Sin embargo, cada contratiempo es una oportunidad para crecer y cada éxito, por pequeño que sea, un paso hacia tu objetivo. La clave es persistir, adaptarte y nunca dejar de aprender.

Mantén el Foco en el Valor

Recuerda siempre que el núcleo de cualquier negocio exitoso en línea es el valor que proporcionas. Ya sea a través de productos, servicios o contenido, tu éxito se medirá por el impacto que tienes en tus clientes o audiencia. Escucha activamente, adapta tu oferta a sus necesidades y busca constantemente maneras de mejorar y ampliar el valor que entregas.

Aprende a Escalar

El escalamiento es esencial para transformar un ingreso pasajero en una fuente de ingresos sostenible y creciente. Esto podría significar automatizar procesos, delegar tareas a través de la externalización, expandir tu gama de productos o servicios, o explorar nuevos mercados. La eficiencia operativa será tu mejor aliada en este proceso.

Diversifica tus Fuentes de Ingresos

No pongas todos tus huevos en una canasta. La diversificación no solo reduce el riesgo, sino que también abre múltiples corrientes de ingresos. Esto puede significar explorar diferentes modelos de negocio en línea, expandirte a nuevas plataformas o incluso combinar varias de las estrategias discutidas en este libro.

Construye y Nutre tu Comunidad

Tu audiencia o base de clientes es el corazón de tu negocio en línea. Construir y mantener una relación sólida y de confianza con ellos es crucial. Participa activamente en redes sociales, crea contenido que les aporte valor real, y sé receptivo a sus comentarios y sugerencias. Una comunidad comprometida y leal puede ser tu mayor activo.

Mantente al Día con las Tendencias Digitales

El mundo digital evoluciona a un ritmo vertiginoso. Mantenerte actualizado con las últimas tendencias, tecnologías y herramientas no solo te permitirá adaptarte y competir eficazmente sino también innovar en tu campo. Dedica tiempo regularmente para investigar, aprender y aplicar nuevos conocimientos en tu negocio.

El Éxito es un Viaje, No un Destino

Finalmente, recuerda que el éxito en el emprendimiento digital es un viaje continuo, no un destino final. Disfruta el proceso, celebra tus logros y aprende de tus errores. La perseverancia, la adaptabilidad y la pasión por lo que haces serán tus mejores compañeros en este viaje hacia el tesoro digital que buscas.

En Resumen

Este libro ha sido tu mapa del tesoro digital, guiándote a través de las múltiples oportunidades que el mundo en línea ofrece para generar ingresos. Ahora, con las herramientas, conocimientos y estrategias compartidas, estás listo para trazar tu propio curso en el vasto océano digital. Recuerda, el tesoro más grande que encontrarás en este viaje no es solo la libertad financiera, sino el crecimiento personal, la satisfacción de superar desafíos y la alegría de hacer lo que amas.

Adelante, aventurero digital, tu tesoro te espera.

Comunidad

¿Todavía no te has unido? Es gratis y no requiere compromiso, únete ahora a la comunidad en Telegram: todoporlalibertad

Tu Opinión Cuenta

Querido lector,

Espero sinceramente que hayas encontrado valor, inspiración y estrategias prácticas que puedas aplicar en tu viaje hacia el éxito en línea. Cada palabra fue escrita pensando en ti, con el objetivo de guiarte a través del vasto y a veces abrumador mundo del emprendimiento digital.

Si este libro ha encendido una chispa, ha despejado alguna duda o simplemente te ha proporcionado una compañía agradable en tu camino, estaría profundamente agradecido si pudieras tomarte un momento para dejar una reseña. Tu *feedback* no solo es invaluable para mí como autor, sino que también ayuda a otros lectores a descubrir y beneficiarse de este recurso.
Puedes dejar tu reseña en la plataforma donde adquiriste este libro o en cualquier foro de discusión en línea relacionado con el tema. No importa si es una simple línea o un análisis detallado; todas las perspectivas son bienvenidas y apreciadas.

Gracias por acompañarme en este viaje. Tu apoyo significa el mundo para mí, y estoy ansioso por escuchar tus pensamientos sobre el libro.

www.ingramcontent.com/pod-product-compliance
Lightning Source LLC
LaVergne TN
LVHW051749050326
832903LV00029B/2804